_____ 님께

하나님의 은총과 사랑이 늘 가득하기를

기도합니다.

_____ 드림

전도와 양육

그 땅으로 여호와 앞에 안식(安息)하게 하라
(레25:2)

배 효 동 지음

대경북스

전도와 양육

초판인쇄 | 2025년 4월 18일
초판발행 | 2025년 4월 23일
발행인 | 김영대
발행처 | 대경북스
ISBN 979-11-7168-097-9 03230

이 책은 저작권법에 따라 보호받는 저작물이므로 무단전재와 무단복제를 금지하며, 이 책 내용의 전부 또는 일부를 이용하려면 반드시 저작권자의 동의를 받아야 합니다.

등록번호 제 1-1003호
서울시 강동구 천중로42길 45(길동 379-15) 2F
전화: (02)485-1988, 485-2586~87 · 팩스: (02)485-1488
e-mail: dkbookss@naver.com · http://www.dkbooks.co.kr

인사의 말씀

어느덧 주님의 택하심을 받아 구원받은 성도로 살아온 지가 45년이 넘어갑니다. 평범한 새신자에서 집사를 거쳐 결국 이제는 한 교회의 중추적인 장로가 되어 교회를 섬기는 위치에 섰습니다.

그간 주일학교 교사로 또 구역에서 말씀을 전하는 목자로 또 세상에서는 생업에 열중하며 복음을 전하는 전도자로 평생을 살았습니다.

저 역시 누군가의 전도를 받아 오늘 이 귀하디 귀한 성도의 자리에 앉았지만, 저도 수많은 길 잃은 어린 양들을 전도하며 교회로 인도하여 성도로 세우는 데 헌신했습니다.

복음을 전하고 양육을 책임지면서 늘 기독교의 핵심적인 내용을 일목요연하게 전할 수 있는 소책자가 있으면 좋겠다고 생각하며 오랜 시간 기도했습니다.

오늘 이렇게 세상에 내어 놓는 전도와 양육, 영원으로 인도하는 가이드북은 이런 저의 바람과 기도가 이루어낸 작은 작품입니다.

전문적인 신학적 지식이나 체계적 과정도 밟은 적 없는 평신도가 이 책을 쓴다는 데에 많은 부담감이 있었던 것은 사실입니다. 하지만 믿음은 바라는 것들의 실상이라고 했습니다. 그 말씀 하나만을 붙잡고 꽤 오랜 시간 붙들고 기도해 이제 세상에 내어 놓습니다.

작지만 이 책의 발간을 위해 도움을 주신 분들이 적지 않게 많습니다. 신앙의 첫 멘토이신 김태우 목사님으로 시작해 이규왕 목사님, 그리고 현재 신평로교회 담임이신 박신철 목사님, 또 선배 장로님들과 동료 장로님들, 모두가 이 책의 발간에 조언들을 아끼지 않으셨습니다. 이 책이 많은 새신자들과 구원받을 영혼들의 길잡이가 되길 바라는 마음 가득합니다.

2025년 부활절을 맞아
저자 배효동 배상

추천의 글

"복음의 진수를 전하고 싶은 갈망이"

　이번에 제가 사랑하는 배효동 장로님께서 《전도와 양육》이라는 책자를 출간하시게 되었다.
　책이 크든지 작든지 한 권의 책자를 내놓는 일은 결코 쉬운 일이 아닌데, 배장로님은 이 일을 해내셨다. 책을 쓰게 된 동기와 목적도 분명하고 구성도 탁월할 정도로 독창적이다.
　예수를 알지 못하여 구원을 얻지 못하는 사람들에게 어떻게 하면 좀 더 복음을 쉽게 전할 수 있을까 하는 마음과 간절함이 그의 가슴에 있었다고 고백한다. 맞는 말이다. 지난 40여 년간 배장로님은 주일학교에서 어린이들에게 성경말씀을 가르쳐왔고, 교구와 구역에서도 오랫동안 성경을 지도하였다. 그간 가르쳐오면서 특별하게 깨달은 것이 넘쳤고, 경험했던 구원의 감격과 능력들을 전하고자 하는 열망이 결국 이 책자로 탄생한 듯하다.

  성경을 쉽게 전하고 깨닫는 일에 도움을 줄 수 있는 길이 있다면 이는 목마름이었던 것이다. 모든 이들에게 복음을 전하여 나와 같은 구원의 확신과 큰 기쁨을 전하고 싶었던 것이다. 그때부터 장로님은 자신이 평생 깨닫고 간직한 말씀을 어떻게 하면 보다 쉽고 재밌고 일목요연하게 표현할까 고민하다 드디어 역작이 완성된 것이다.

  놀라운 일이다.

  책의 내용은 성경에 기록된 하나님의 구원과 안식, 언약을 요약하고, 그리스도의 신분과 그분 때문에 우리가 누릴 은총을 압축하여 표현한 것이 기존의 방식과 사뭇 다른 점이 눈에 확 들어온다.

  배효동 장로님은 신학을 전공하신 분이 아니다. 그러나 장로님은 하나님의 은혜를 깨닫고 전했던 그 놀라운 은혜를 널리 전하고 싶어 이 책 《전도와 양육》을 통하여 드디어 세상에 탄생하게 된 것이다. 그의 노고에 깊은 감사와 칭찬을 드리고 싶다.

  아무쪼록 이 아름다운 결실이 많은 사람들에게 전달되어 기도하며 꿈꾸어왔던 일들이 결실로 맺히기를 함께 기도하여 추천과 함께 응원을 보낸다.

2025년 부활절에
김태우 목사

추천의 글

　이 책은 장로님의 하나님에 대한 감사가 녹여져 있는 책입니다. 그 동안 장로님께서는 신앙생활을 해 오시면서 하나님께 베푸신 은혜와 사랑을 하나님께 돌려드리기 위하여 고민하셨습니다. 그러다가 이 책을 집필하시게 되었습니다. 그러기에 이 책은 먼저 하나님께서 베푸신 사랑과 은혜에 대한 하나님께 드리는 감사의 예물과 같은 것입니다.

　이 책은 또한 장로님의 신앙의 결정체이기도 합니다. 성경을 읽으시면서, 묵상하시면서, 훈련을 받으시면서 하나님께서 깨닫게 하신 복음의 정수를 이 책에 담으셨습니다. 장로님께서는 일전에 제게 말씀하셨습니다. "목사님! 하나님께서 깨닫게 해 주신 말씀이 너무 감사한데, 그 귀한 진리들 책에 담아내고 싶습니다." 그러시더니 이 책을 출판하시게 되었습니다. 그러기에 이 책에는 하나님께서 장로님으로 하여금 깨닫게 하신 복음의 진리들이 담겨져 있습니다.

  이 책은 교회와 성도들을 위한 장로님의 섬김이기도 합니다. 특별히 장로님께서는 말씀을 듣고 읽고 묵상하시다가 구원의 비밀을 알게 되셨습니다. 그러기에 동일한 하나님의 은혜가 아직 예수님을 모르는 분들에게도 임하기를 간절히 바라시면서, 이 책을 출간하시게 되었습니다. 그러므로 이 책의 내용을 따라가다 보면, 어느 지점에 이르러서 성령의 강력한 역사로, 말씀을 통한 구원의 은혜를 경험하시게 될 것입니다.

  이 책을 위하여 부족한 종이 다음과 같이 기도합니다.

  "하나님! 사랑하는 배효동 장로님을 거듭나게 하시고, 하나님의 자녀로 영원히 받아주신 은혜에 감사를 드립니다. 하나님께서 깨닫게 하신 복음의 진리들을 장로님께서 겸손한 마음으로 힘껏 이 책에 담았사오니, 성령 하나님께서 부족한 것은 가려주시고, 잘된 것은 높게 사용해 주셔서, 아직도 어둠에 사로잡혀 있는 자들을 구원하는 거룩한 도구로 사용하여 주옵소서. 예수님의 이름으로 기도합니다. 아멘!"

2025년 4월

박신철 목사

(신평로교회 담임목사)

추천의 글

　성경은 특정 인물이나 특정 단체만의 소유물이 아닙니다. 하나님께서는 성경을 '모든 사람을 위해' 주셨습니다. 그러므로 성경은 모든 사람에게 전해져야 하며, 모든 사람이 읽어야 하며, 모든 사람에게 해석 되어져야 합니다. 그 이유는 성경은 만고불변(萬古不變)의 진리이며 보편타당(普遍妥當)한 법칙이기 때문입니다.

　배효동 장로님의 『전도와 양육』은 모든 보통 사람이 능히 읽고 깨닫고 묵상할 수 있는 접근성이 강한 책입니다. 이 책의 특장점은 다음과 같습니다.

　첫째, 성경적인 기독교 세계관이 잘 녹아 있습니다. 창조, 타락, 구속, 회복이라는 기독교 세계관이 철학적 사유나 논리적 사고의 건

조한 앵글이 아닌 '성경적인 앵글'로 잘 묘사되고 있습니다.

둘째, 글과 그림이 적재적소에 잘 배치되어 있어 접근성이 강합니다. 아무리 좋은 책이라도 접근성이 약하면 쉽게 읽지 못합니다. 하지만 『전도와 양육』은 어린이부터 노년에 이르기까지 누구나 쉽게 읽고 이해할 수 있는 책입니다.

셋째, 겸손한 책입니다. 제가 초안을 감수하면서 감히 지적 드린 신학적 내용들을 적절히 잘 수정해서 반영해 주셨습니다. 인간은 죄인이므로 완전하게 신학을 전개할 수 없습니다. 늘 겸손한 마음과 자세로 신학을 해야 하는데 이런 태도와 자세가 이 책 곳곳에 서려 있습니다.

『전도와 양육』을 통해 참으로 "여호와 앞에 안식"(레 25:2)하는 모든 피조 만물과 인간 되길 소망합니다. 그렇게 될 때 하나님께서 참으로 기뻐하실 줄 믿습니다. 아멘.

2025년 4월

박재은 교수

(총신대학교 신학과, 교목실장 및 섬김리더교육원장)

추천의 글

　한 사람이 구원받아 성도가 되고 일군이 되는 것은 천하보다 귀한 일임을 성경은 말씀하고 있습니다. 하물며 전도자의 삶을 위해 책까지 집필한다고 하니 평생을 복음전도를 위해 글을 쓰거 책을 출판해 온 저의 입장에서는 존경해 마지않을 일이라고 여겨집니다.

　배효동 장로님은 40여 년 전 같은 교회에서 청년 때부터 신앙생활을 같이 하며 교회 부흥을 위해 청춘을 바쳤던 분입니다. 항상 조용하고 말없이 교회를 섬기는 중 모든 궂은일을 도맡아 하던 장로님의 청년 시절과 총각 집사 시절을 기억합니다.

　그런데 갑자기 글을 쓰고 책을 내겠다는 소식을 김규열 장로님을 통하여 들었습니다. 김규열 장로님 역시 어려운 사업 가운데에도 주일학교 부장부터 성가대장 등 어린 우리 청년 대학생들을 위해 물심

양면으로 도우셨던 분인데, 베효동 장로님이 책을 쓰시니 감수를 한 번 해달라고 해서 읽어 보았습니다.

저는 평생 책을 백여 권 이상 쓰고 또 많은 분들의 책을 감수하고 출판을 도와 온 경험이 있는데 배효동 장로님의 글은 아주 남달랐습니다.

첫째, 단순한 책자의 수준을 넘는 고급진 신앙적 내용을 일목요연하게 잘 정리하여 추천하지 않을 수 없었습니다.

둘째, 사영리처럼 구원의 원리와 신자로서 알아야 할 성장의 가이드를 아주 잘 요약하였기에 추천드리지 않을 수 없습니다.

셋째, 글과 그림 그리고 성경 구절을 일목요연하게 정리하여 가르치는 이든 배우는 이든 공감할 수 있도록 엮은 것은 평신도의 수준을 뛰어넘는 수준 있는 책이기에 추천하지 않을 수 없습니다. 칼빈의 구원의 여정을 오늘의 언어로 잘 정리하였기에 많은 교회에서 사용되어져도 손색이 없습니다.

2025년 4월
베스트셀러 작가 김재헌 목사

차 례

인사의 말씀   5
추천의 글   7

1단원 인간과 세상(자연)   17
❶ 복을 땅에 심어   20
❷ 하나님의 사람이   21
❸ 이 지구에는 넓은 땅이 있습니다.   22
❹ 이 지구에는 여러 민족이 있습니다.   23
❺ 이 지구 위에는 많은 사람이 있습니다.   24
❻ 이 지구 위에는 현재 70억 이상 되는 많은 사람이 있습니다.   25

2단원 이스라엘의 구원과 이방인의 구원   26
❶ 그러면 가나안 땅은 왜 유일한 땅일까요?   28
❷ 그러면 이스라엘 민족은 왜 왜 유일한 민족일까요?   29
❸ 그러면 예수 그리스도는 왜 유일한 사람인가요?   30
❹ 그러면 홍길동(나)는 왜 유일한 사람인가?   31
❺ 지금까지 유일한 이 네 가지는 대표성을 가지고 있습니다.   32
❻ 땅의 모든 족속이 너를(홍길동) 인하여 복을 얻을 것이니라! 창세기 12:3   33
❼ 그런데 대표가 되는 가나안 땅은 7족속에게 지배당하고 있습니다.   34

Contents   15

❽ 그런데 대표가 되는 이스라엘 민족은 이집트(에굽)의 바로 왕과
　이집트(에굽) 사람에게 지배당하고 있습니다. 35
❾ 그런데 대표가 되는 예수님도 십자가를 지고 이 땅의 왕에게 지배를 당하셨습니다. 36
❿ 그런데 대표가 되는 홍길동(나)는 공중권세 잡은 자에게 지배당하고 있습니다. 37

3단원 모든 피조물까지 구원하심　38
❶ 모든 피조물들이 구원을 기다리고 있습니다. 40
❷ 공중권세 잡은 자의 종이 된 증거 41
❸ 하나님의 사랑 = 하나님의 구원 42
❹ 10번째 장자 재앙 44
❺ 하나님의 장자 45

4단원 탈출 애굽　46
❶ 애굽의 탈출 48
❷ 세상의 탈출 49
❸ 가나안 땅 입성 50
❹ 예루살렘성 입성 51
❺ 초실절 52
❻ 초.부활절 53
❼ 과거완료 나팔절(예루살렘성전으로 불러 모음) 54
❽ 대속제일(7월10일) 55
❾ 수장절을 지키라(곡식 추수) 56
❿ 초막절을 지키라(7일간) 레23:42 57

결론　59

1단원

인간과 세상(자연)

He who has begun a good work in you will complete it
until the day of Jesus Christ

Philippians 1:6

너희 안에서 착한 일을 시작하신 이가
그리스도 예수의 날까지 이루실 줄을
우리는 확신하노라

(빌1:6)

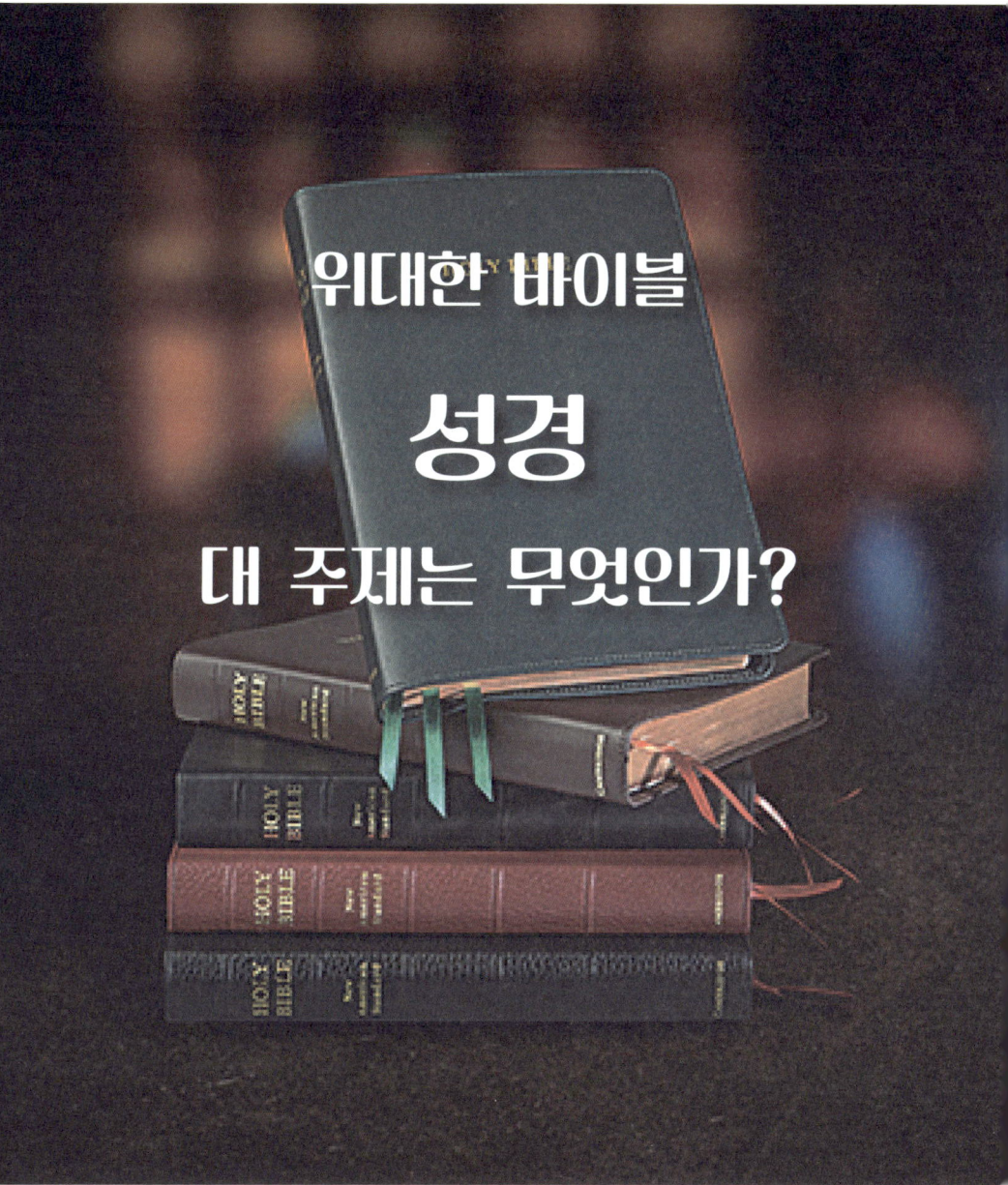

❶ 복을 땅에 심어

생육하고 번성하라(창세기 1:28)

| 창세기 1:28 |

하나님이 그들에게 복을 주시며 그들에게 이르시되 생육하고 번성하여 땅에 충만하라, 땅을 정복하라, 바다의 고기와 공중의 새와 땅에 움직이는 모든 생물을 다스리라 하시니라

| 고전 3:1 |

너희는 하나님의 밭이요

| 레위기 25:2 |

이스라엘 자손에게 말하여 이르라 너희는 내가 너희에게 주는 땅에 들어간 후에 그 땅으로 여호와 앞에 안식하게 하라

그 땅으로 여호와 앞에 안식하게 하라(땅-가나안)
(레위기 25:2)

| 신명기 26:9 |

이곳으로 인도하사 이 땅 곧 젖과 꿀이 흐르는 땅을 주셨나이다.

❷ 하나님의 사람이

하나님의 땅에서 행복하게
살지 못하고
무거운 짐으로
고통받고 있다

수고하고 무거운
짐 진 자들아
다 내게로 오라 내가
너희를 쉬게 하리라
(마 11:28)

모세의 율법에 곡식을 밟아 떠는 소에게 망을 씌우지 말라 기록하였으니
하나님께서 어찌 소들을 위하여 염려하심이냐
오로지 우리를 위하여 말씀하심이 아니냐
과연 우리를 위하여
기록된 것이라
(고전 9:9-10)

❸ 이 지구에는 넓은 땅이 있습니다.

영국 땅
미국 땅
독일 땅
가나안 땅

이 중에는 상징적으로 묘사된 땅이 있습니다.

❹ 이 지구에는 여러 민족이 있습니다.

영국 민족

미국 민족

독일 민족

이스라엘 민족

이 중에는 유일한 **민족**이 있습니다.

이스라엘 민족(유대)

Judea人, 셈 어쪽으로 히브리어를 사용하고 유대교를 믿는 민족. 고대에는 팔레스타인에 거주하였고, 로마 제국에 의하여 예류살렘이 파괴되자 세계 각지에 흩어져 살다가 19세기 말에 시오니즘 운동이 일어나 1948년에 다시 팔레스타인에 이스라엘을 세워 살고 있다.

※ 혈통적 유대인은 영적 유대인을 설명하기 위한 것입니다.

❺ 이 지구 위에는 많은 사람이 있습니다.

소크라테스

공자

석가

예수 그리스도

이 중에는 유일한 **사람**이 있습니다.

❻
이 지구 위에는
현재 70억 이상 되는 많은 사람이 있습니다.

철수

영자

순희

홍길동(나)

이 중에는 유일한 **사람**이 있습니다.

| 마16:26 |
천하보다 귀한 한 사람의 생명
바로 그건 나(홍길동)

※ 유대인(이스라엘)을 구별하는 것은 영적
유대인을 설명하기 위한 것입니다.

1단원 인간과 세상(자연)

2단원

이스라엘의 구원과 이방인의 구원

이방인의 구원과 나의 구원

이스라엘의 넘어짐과
이방인의 구원
로마서 11장 11-22절

[그림자]		[실체]
구약시대		신약시대
율법시대		복음시대

스가랴 12:1~14
이스라엘의 구원

그러면 가나안 땅은 왜 유일한 땅일까요?

지시할(보여줄) 땅으로 가라 (창12:)

여호와께서 아브람에게 이르시되 너는 너의 고향과 친척과 아버지의 집을 떠나 내가 네게 보여 줄 땅으로 가라(창세기12:1)

또 그에게 이르시되 나는 이 땅을 네게 주어 소유를 삼게 하려고 너를 갈대아인의 우르에서 이끌어 낸 여호와니라(창세기 15:7)

내가 내려가서 그들을 애굽인의 손에서 건져내고 그들을 그 땅에서 인도하여 아름답고 광대한 땅, 젖과 꿀이 흐르는 땅 곧 가나안 족속, 헷 족속, 아모리 족속, 브리스 족속, 히위 족속, 여부스 족속의 지방에 데려가려 하노라(출애굽기 3:8)

내가 아브라함과 이삭과 야곱에게 주기로 맹세한 땅으로 너희를 인도하고 그 땅을 너희에게 주어 기업을 삼게 하리라 나는 여호와라 하셨다 하라(출애굽기 6:8)

이 땅을 네 후손에게 주어 영원한 소유가 되게 하리라
(창48:4)

❷ 그러면 이스라엘 민족은 왜 유일한 민족인가요?

(출8:27)   제사드릴 장자로
(출4:22)   이스라엘은 내 아들 내 장자라

너희가 내게 대하여 제사장 나라가 되며 거룩한 백성이 되리라 너는 이 말을 이스라엘 자손에게 전할지니라(출애굽기 19:6)

야곱아 너를 창조하신 여호와께서 지금 말씀하시느니라 이스라엘아 너를 지으신 이가 말씀하시느니라 너는 두려워하지 말라 내가 너를 구속하였고 내가 너를 지명하여 불렀나니 너는 내 것이라(이사야 43:1)

너를 축복하는 자에게는 내가 복을 내리고 너를 저주하는 자에게는 내가 저주하리니 땅의 모든 족속이 너로 말미암아 복을 얻을 것이라 하신지라(창세기 12:3)

❸ 그러면 예수 그리스도는 왜 유일한 사람인가요?

태초에 말씀이 계시니라 이 말씀이 하나님과 함께 계셨으니 이 말씀은 곧 하나님이시니라(요한복음 1:1)

말씀이 육신이 되어 우리 가운데 거하시매 우리가 그의 영광을 보니 아버지의 독생자의 영광이요 은혜와 진리가 충만하더라(요한복음 1:14)

우리에게 있는 대제사장은 우리의 연약함을 동정하지 못하실 이가 아니요 모든 일에 우리와 똑같이 시험을 받으신 이로되 죄는 없으시니라(히브리서4:15)

그가 우리 죄를 없애려고 나타나신 것을 너희가 아나니 그에게는 죄가 없느니라(요한1서 3:5)

다른 이로써는 구원을 받을 수 없나니 천하 사람 중에 구원을 받을 만한 다른 이름을 우리에게 주신 일이 없음이라 하였더라(사도행전 4:12)

❹ 그러면 홍길동(나)는 왜 유일한 사람인가?

그러나 너희는 택하신 족속이요 왕 같은 제사장들이요 거룩한 나라요 그의 소유가 된 백성이니 이는 너희를 어두운 데서 불러 내어 그의 기이한 빛에 들어가게 하신 이의 아름다운 덕을 선포하게 하려 하심이라(벧전 2:9)

너희를 영접하는 자는 나를 영접하는 것이요 나를 영접하는 자는 나를 보내신 이를 영접하는 것이니라(마태복음 10:40)

너를 축복하는 자에게는 내가 복을 내리고 너를 저주하는 자에게는 내가 저주하리니 땅의 모든 족속이 너로 말미암아 복을 얻을 것이라 하신지라(창세기 12:3)

우리가 이 보배를 질그릇에 가졌으니 이는 심히 큰 능력은 하나님께 있고 우리에게 있지 아니함을 알게 하려 함이라(고린도후서 4:7)

❺ 지금까지 유일한 이 네 가지는 대표성을 가지고 있습니다.

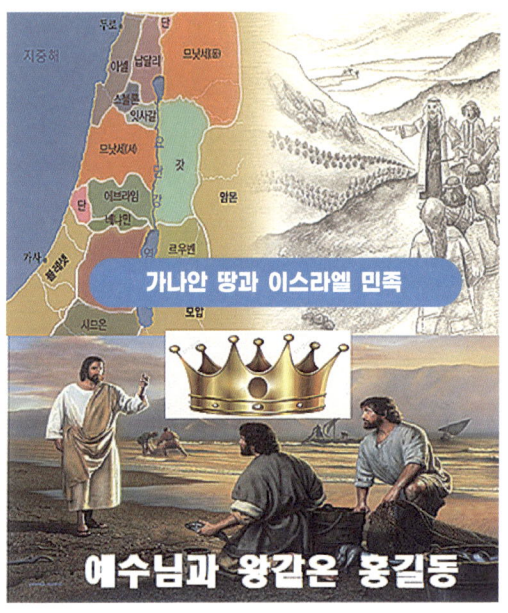

가나안 땅과 이스라엘 민족

예수님과 왕갑은 홍길동

| 가나안 땅은 모든 땅의 제사장으로 레위기 25:2 창세기 12:1 | 이스라엘 민족은 모든 나라의 제사장으로 출애굽기 19:6 이사야 43:1 | 예수 그리스도는 모든 인류의 죄를 지고 가는 대제사장으로 히브리서 4:15 요한복음 1:29 | 홍길동(나) 내가 속한 모든 영역에서의 왕같은 제사장으로 베드로전서 2:9 마태복음 10:40 |

❻ 땅의 모든 족속이 너를(홍길동) 인하여 복을 얻을 것이니라! 창세기 12:3

복
헤세드(חסד)
HESSED
(호세아 6:1-11)

대표자를 통해서 복이 흘러가야 하는데...

현실은 어떠한가?

그 원인을 다음 장에서 볼 수 있습니다.

**❼ 그런데 대표가 되는 가나안 땅은
7족속에게 지배당하고 있습니다.**

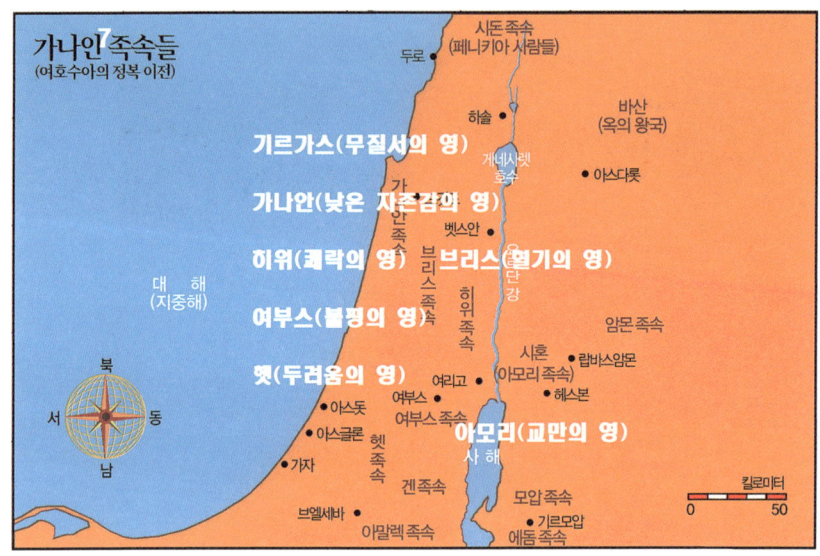

이로 인해 가나안 땅은 제사장 땅이
되지 못하고 있습니다.

네 하나님 여호와께서 너를 인도하사 네가 가서 차지할 땅으로 들이시고 네 앞에서 여러 민족 헷 족속과 기르가스 족속과 아모리 족속과 가나안 족속과 브리스 족속과 히위 족속과 여부스 족속 곧 너보다 많고 힘이 센 일곱 족속을 쫓아내실 때에(신명기 7:1)

❽ 그런데 대표가 되는 이스라엘 민족은 이집트(에굽)의 바로 왕과 이집트(에굽) 사람에게 지배당하고 있습니다.

바로의 종

신명기 5:1-10
나는 너를 애굽 땅 종되었던 집에서 인도하여 낸 네 하나님 여호와라

이로 인해 이스라엘 민족은 제사장 나라 역할을 못하고 있었습니다.

나는 너를 애굽 땅, 종 되었던 집에서 인도하여 낸 너의 하나님 여호와로라(출애굽기 20:2)

우리가 옛적에 애굽에서 바로의 종이 되었더니 여호와께서 권능의 손으로 우리를 애굽에서 인도하여 내셨나니(신명기 6:21)

이스라엘 자손이 애굽에 거주한 지 사백삼십 년이라(출애굽기 12:40)

하나님이 또 이같이 말씀하시되 그 씨가 다른 땅에 나그네 되리니 그 땅 사람이 종을 삼아 사백년 동안을 괴롭게 하리라 하시고(사도행전 7:6)

가로되 너희는 히브리 여인을 위하여 조산할 때에 살펴서 남자여든 죽이고 여자여든 그는 살게 두라(출애굽기 1:16)

그러므로 바로가 그의 모든 백성에게 명령하여 이르되 아들이 태어나거든 너희는 그를 나일 강에 던지고 딸이거든 살려두라 하였더라(출애굽기 1:22)

⑨ 그런데 대표가 되는 십자가를 지심으로 언약을 성취하셨습니다.

고센 땅의 이스라엘 민족처럼
큰 고통과 압박을 받았던 것입니다.
그러므로 인류의 죄를 지고가는 대제사장으로서
자기 몸을 제물로 드리기가지 큰 고통을 당했습니다.
(이것을 예표 혹은 구원의 모형이라고 합니다.)

이에 말씀하시되 내 마음이 매우 고민하여 죽게 되었으니 너희는 여기 머물러 나와 함께 깨어 있으라 하시고(마태복음 26:38)

조금 나아가사 얼굴을 땅에 대시고 엎드려 기도하여 이르시되 내 아버지여 만일 할 만하시거든 이 잔을 내게서 지나가게 하옵소서 그러나 나의 원대로 마시옵고 아버지의 원대로 하옵소서 하시고(마태복음 26:39)

예수께서 힘쓰고 애써 더욱 간절히 기도하시니 땀이 땅에 떨어지는 피 방울같이 되더라(눅 22:44)

세상 죄를 지고 가는 하나님의 어린 양이로다(요한복음 1:29)

날마다 우리 짐을 지시는 주(시편 68:19)

그는 실로 우리의 질고를 지고(이사야 53:4)

그런데 대표가 되는 홍길동(나)는 공중권세 잡은 자에게 지배당하고 있습니다.

그러므로 홍길동(나)는
왕같은 제사장 직분을 감당하지 못하고 있습니다.

그때에 너희가 그 가운데서 행하여 이 세상 풍속을 좇고 공중의 권세 잡은 자를 따랐으니 곧 지금 불순종의 아들들 가운데서 역사하는 영이라(에베소서 2:2)

전에는 우리도 다 그 가운데서 우리 육체의 욕심을 따라 지내며 육체와 마음의 원하는 것을 하여 다른이들과 같이 본질상 진노의 자녀이었더니(에베소서 2:3)

모든 사람이 죄를 범하였으매 하나님의 영광에 이르지 못하더니(로마서 3:23)

죄를 범하는 자마다 죄의 종이라(요한복음 8:34)

죄에 대하여라 함은 저희가 나를 믿지 아니함이요(요한복음 16:9)

영원토록 변함 없으신

하나님의 사랑

3단원 모든 피조물까지 구원하심

모든 피조물들이 구원을 기다리고 있습니다.

그 바라는 것은 피조물도 썩어짐의 종 노릇 한 데서 해방되어 하나님의 자녀들의 영광의 자유에 이르는 것이니라
피조물이 다 이제까지 함께 탄식하며 함께 고통을 겪고 있는 것을 우리가 아느니라
(롬8:21-22)

❷ 공중권세 잡은 자의 종이 된 증거

피조물이 사람들과 함께 고통받는 이유

이제 이스라엘 자손의 부르짖음이 내게 달하고 애굽 사람이 그들을 괴롭게 하는 학대도 내가 보았으니(출 3:9)

이제 내가 너를 바로에게 보내어 너에게 내 백성 이스라엘 자손을 애굽에서 인도하여 내게 하리라(출3:10)

이제 가라(모세) ....(출4:12)

피조물이 다 이제까지 함께 탄식하며 함께 고통하는 것을 우리가 아나니(로마서 8:22)

죄악 된 인간의 마음이
피조물까지
고통에 빠지게 한 것

환난이나 곤고나 핍박이나 기근이나 적신이나 위험이나 칼이랴,
기록된바 우리가 종일 주를 위하여 죽임을 당케 되며 도살할 양 같이 여김을 받았나이다 함과 같으니라(로마서 8:35-36)

❸ 하나님의 사랑 = 하나님의 구원

1. 그 후에 모세와 아론이
그 후에 모세와 아론이 가서 바로에게 이르되 이스라엘 하나님 여호와의 말씀에 내 백성을 보내라 그들이 광야에서 내 앞에 절기를 지킬 것이니라 하셨나이다(출애굽기 5:1)

2. 그 후에 여호수아와 이스라엘 백성이
일곱족속에게 가서 이르되 하나님 여호와께서 이렇게 말씀하시기를 내 백성 이스라엘 자손에게 그들의 땅을 (영원한) 기업으로 주시되 자기 백성 이스라엘에게 기업으로 주셨도다(시편 135:12)
그 땅을 내어 놓아라, 그러면 그들이 가나안 땅에서 내 앞에 농사를 지을 것이니라 (레25:3)

3. 그 후에 예수님(성령님)과 OOO(이)가
공중권세 잡은 자에게 가서 홍길동의 하나님 여호와께서 이렇게 말씀하시기를 내 백성 홍길동이를 보내라 그러면 홍길동이가 신평로(OOO교회), 나아가 내 앞에 예배를 드릴 것이니라(사43:21)

내가 바로에게 들어가서 주의 이름으로 알린 후부터

바로의 반응

바로가 가로되 여호와가 누구관대 내가 그 말을 듣고 이스라엘을 보내겠느냐 나는 여호와를 알지 못하니 이스라엘도 보내지 아니하리라(출애굽기 5:2)

1. 피 재앙
2. 개구리 재앙
3. 이 재앙

일곱족속의 반응
무슨 뼈다귀들이 와서……!

4. 파리 재앙
5. 가축 재앙
6. 독종 재앙

공중권세 잡은 자의 반응

7. 우박 재앙
8. 매뚜기 재앙
9. 흑암 재앙

……………………!

그가 이 백성을 더욱 학대하여……..(출5:23)

3단원 모든 피조물까지 구원하심

④
10번째 장자 재앙

여호와께서 모세에게 이르시기를 내가 이제 한 가지 재앙을 바로와 애굽에 내린 후에야 그가 너희를 여기서 내보내리라 그가 너희를 내보낼 때에는 여기서 반드시 다 쫓아내리니(출11:1)

우리 속담에 열 번 찍어 안 넘어지는 나무 없다 했다. 세상을 홍수로 재앙내리기 전에 먼저 노아에게 방주를 예비하게 함(창6:14)

애굽에 재앙 내리기 전에 먼저 모세가 유월절을 행함
모세가 이스라엘 모든 장로를 불러서 그들에게 이르되 너희는 나가서 너희의 가족대로 어린 양을 택하여 유월절 양으로 잡고 우슬초 묶음을 가져다가 그릇에 담은 피에 적셔서 그 피를 문 인방과 좌우 설주에 뿌리고 아침까지 한 사람도 자기 집 문 밖에 나가지 말라(출12:21,22)
이것이 여호와의 유월절이니라(출12:11)

밤중에 여호와께서 애굽 땅에서 모든 처음 난 것 곧 왕위에 앉은 바로의 장자로부터

옥에 갇힌 사람의 장자까지와 가축의 처음 난 것을 다 치시매 그 밤에 바로와 그 모든 신하와 모든 애굽 사람이 일어나고 애굽에 큰 부르짖음이 있었으니 이는 그 나라에 죽임을 당하지 아니한 집이 하나도 없었음이었더라(출12:29,30)
애굽 사람들은 말하기를 우리가 다 죽은 자가 되도다(출12:33) 장자(출12:29)

하나님의 장자

세상에 재앙(심판) 내리기 전에 먼저 예수님이 유월절을 행하심

이르시되 내가 고난을 받기 전에 너희와 함께 이 유월절 먹기를 원하고 원하였노라
이르시되 내가 고난을 받기 전에 너희와 함께 이 유월절 먹기를 원하고 원하였노라 이에 잔을 받으사 감사기도 하시고 이르시되 이것을 갖다가 너희끼리 나누라 ....
또 떡을 가져 감사 기도 하시고 떼어 그들에게 주시며 이르시되 이것은 너희를 위하여 주는 내 몸이라 너희가 이를 행하여 나를 기념하라 하시고(눅22:15,17,19)

보라 세상 죄를 지고 가는 하나님의 어린 양이로다(요1:29)

제구시쯤에 예수께서 크게 소리 질러 이르시되 엘리 엘리 라마 사박다니 하시니 이는 곧 나의 하나님, 나의 하나님, 어찌하여 나를 버리셨나이까 하는 뜻이라(마27:46)

예수께서 신포도주를 받으신 후 가라사대 다 이루었다 하시고 머리를 숙이시고 영혼이 돌아가시니라(요19:30)   맏아들(롬8:29)

4단원

탈출 애굽

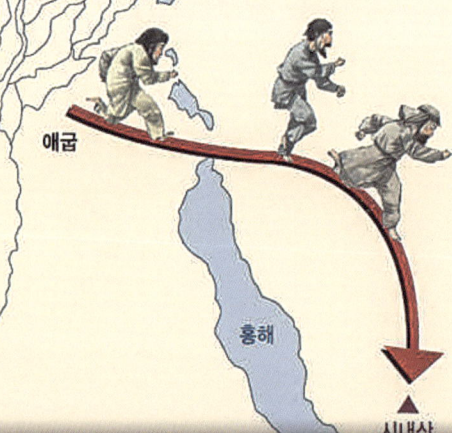

출(出)애굽

오늘 너희를 위하여 행하시는
구원을 보라 (출14:13)

① 애굽의 탈출

궤를 멘 제사장들의 발이 물가에 잠기자
요단강이 갈라져 마른땅으로 건넘(수3:15-17)

1. 광야 숙곳교회(회막)(출12:37, 행7:38) 양의 우리
2. 에담 광야(출13:20-) 낮에는 구름기둥 밤에는 불기둥
3. 홍해바다(출14:10,11) 뒤에는 애굽 군대, 앞에는 홍해바다(진퇴양난)

   우리의 조상들이 애굽에 있을 때 주의 기이한 일들을 깨닫지 못하며
   주의 크신 인자를 기억하지 아니하고 바다 곧 홍해에서 거역하였나이다(시106:7)

4. 마라(출15:23,25) 쓴 물이 단물로 변화
5. 르비딤(출17:6) 반석을 쳐서 생수를 마심
6. 신 광야(출16:13) 저녁에는 메추라기 아침에는 이슬 만나
7. 시내산(출20:3) 율법을 받음
8. 가데스 바네아(민13:33) 우리는 메뚜기(민14:9) 그들은 우리의 밥
9. 신 광야(민20:11) 명하여 물을 내라 반석을 두 번 치매(불순종) 물이 솟아남

궤를 멘 자들이 요단에 이르며 궤를 멘 제사장들의 발이 물가에
잠기자....... 그 마른 땅으로 건너갔더라(수3:15-17)
요단강을 건너 12돌 기념비를 세움(수4:7)
길갈에서 할례를 행함(수5:2)

❷ 세상의 탈출

베드로전서 2:9

오직 너희는 택하신 족속이요 왕 같은 제사장들이요 거룩한 나라요 그의 소유된 백성이니 이는 너희를 어두운데서 불러 내어 그의 기이한 빛에 들어가게 하신 자의 아름다운 덕을 선전하게 하려 하심이라

시편 119:103
주의 말씀의 맛이 내게
어찌 그리 단지요 내 입에
꿀보다 더하니이다

요한복음 1:14
말씀이 육신이 되어 우리 가운데
거하시매 우리가 그 영광을 보니
아버지의 독생자의 영광이요
은혜와 진리가 충만하더라

신명기 8:2　　　　시119:107, 요1:14, 요10:11

보혈의 강을 지나 하나님 품으로(골3:3)
찔러 쪼개기까지 하며(히4:12)
너희 몸을 거룩한 산 제사로 드리라((롬12:1)
타는 횃불이 쪼갠 고기사이로(창15:17)
너희로 믿게 하려 함이라(요14:29)

광야 신평로교회(행7:38)

예수 안에서의 삶(작은 천국)
요10:10 - 내가 온 것은 양으로 생명을 얻게 하고 더 풍성하게 얻게.....
요10:11 - 선한 목자는 양을 위하여 자기 목숨을 버리니.....

③ 가나안 땅 입성

너희가 요단을 건너 가나안 땅에 들어가거든
그 땅 거민을 너희 앞에서 다 몰아내고(민수기 33:51-52)

이와 같이 여호수아가 여호와께서 모세에게 이르신 말씀대로 그 온 땅을 취하여 이스라엘 지파의 구별을 따라 기업으로 주었더라 그 땅에 전쟁이 그쳤더라(여호수아 11:23)

* 갈렙-이 산지를 내게 주소서, 개간하여

농사 시작

울며 씨를 뿌리러 나가는 자는
반드시 기쁨으로 그 곡식 단을 가지고 돌아오리로다(시126:6)

한 알의 밀이 땅에 떨어져 죽지 아니하면
(요12:24)

예루살렘성 입성

마태복음 21:12
예수께서 성전에 들어가사 성전 안에서 매매하는 모든 자를 내어 쫓으시며 돈 바꾸는 자들의 상과 비둘기 파는 자들의 의자를 둘러엎으시고

예수께서 다시 크게 소리지르시고 영혼이 떠나시다(마27:50)

요나가 밤낮 사흘을 큰 물고기 뱃속에 있었던 것 같이 인자도 밤낮 사흘을(마12:40)
* OOO이 홍길동이를 내게 주소서, 양육하여 무덤에 계심(요일3:9)

시126:6   요 12:24
내가 진실로 진실로 너희에게 이르노니
한 알의 밀이 땅에 떨어져 죽지 아니하면
한 알 그대로 있고 죽으면 많은 열매를 맺느니라

❺ 초실절

맥추절은 오순절의 예표

이스라엘 자손에게 말하여 이르라 너희는 내가 너희에게 주는 땅에 들어가서 너희의 곡물을 거둘 때에 너희의 곡물의 첫 이삭 한 단을 제사장에게로 가져갈 것이요(레23:10)

맥추절

출23:16 맥추절을 지키라(50)
레25:4 일곱째 해에는 그 땅이 쉬어 안식하게 할지니

초실절 → 49일(7×7)

출23:16
→ **맥추절일(칠칠절)**
(50) 6년 동안 농사 짓고=
안식년(레25:2-7)
7년 차에는

오순절(50) 행2:1
안식년(히4:1-10)

※ 신학적으로 엄밀하기 보다는 보편적으로 상징성이 있음을 알려드립니다.

❻ 초.부활절

그러나 이제 그리스도께서 죽은 자 가운데서 다시 살아나사 잠자는 자들의
첫열매가 되셨도다(고전15:20)

첫 열매되어
하늘로 올라가심

오순절

예루살렘을 떠나지 말고 내게서 들은 바 아버지께서 약속하신 것을 기다리라(행1:4)
볼지어다 내가 내 아버지께서 약속하신 것을 너희에게 보내리니 너희는 위로부터 능력으로 입혀질 때까지 이 성에 머물라 하시니라(눅24:49)
홀연히 하늘로부터 급하고 강한 바람 같은 소리가 있어 그들이 앉은 온 집에 가득하며(행2:2)

⑦ 과거완료 나팔절(예루살렘성전으로 불러 모음)

새해 시작

이스라엘 자손에게 말하여 이르라 일곱째 달 곧 그 달 첫 날(7/1)은 너희에게 쉬는 날이 될지니 이는 나팔을 불어 기념할 날이요 성회라(레23:24)

너희는 시온에서 나팔을 불어 거룩한 금식일을 정하고 성회를 소집하라(요엘2:15)

현재 진행형 복음의 나팔
(신평로교회로 불러 모음) 새로운 삶 시작

오직 성령이 너희에게 임하시면 너희가 권능을 받고 예루살렘과 온 유대와 사마리아와 땅 끝까지 이르러 내 증인이 되리라 하시니라(행1:8)

사람을 강권하여 데려다가 내 집을 채우라(눅14:23)

너희는 말씀을 전파하라 때를 얻든지 못 얻든지 항상 힘쓰라(딤후4:2)

미래진행 나팔절(공중으로 끌어올림)

주께서 호령과 천사장의 소리와 하나님의 나팔 소리로 친히 하늘로부터 강림하시리니 그리스도 안에서 죽은 자들이 먼저 일어나고 그 후에 우리 살아 남은 자들도 그들과 함께 구름 속으로 끌어 올려 공중에서 주를 영접하게 하시리니 그리하여 우리가 항상 주와 함께 있으리라(살전 4:16,17)

마지막 나팔에 순식간에 홀연히 다 변화되리니(고전15:51)

대속제일(7월10일)

레 16:8 아사셀 양 광야로 보냄

두 염소를 위하여 제비 뽑되 한 제비는 여호와를 위하고 한 제비는 아사셀을 위하여 할지며

아론은 그의 두 손으로 살아 있는 염소의 머리에 안수하여 이스라엘 자손의 모든 불의와 그 범한 모든 죄를 아뢰고 그 죄를 염소의 머리에 두어 미리 정한 사람에게 맡겨 광야로 보낼지니 (레16:21)

죄 없이 함을 받는 날 (행3:19)

이르시되 내가 고난을 받기 전에 너희와 함께 이 유월절 먹기를 원하고 원하였노라 (눅22:15) 이에 잔을 받으사 감사 기도 하시고 이르시되 이것을 갖다가 너희끼리 나누라 (눅22:17)

또 떡을 가져 감사 기도 하시고 떼어 그들에게 주시며 이르시되 이것은 너희를 위하여 주는 내 몸이라 너희가 이를 행하여 나를 기념하라 하시고 (눅22:19)

보라 세상 죄를 지고가는 하나님의 어린 양이로다 (요1:29)

혼인 잔치 하나되게함 (요17:22)

어린 양의 혼인 기약이 이르렀고 그의 아내가 자신을 준비하였으므로 그에게 빛나고 깨끗한 세마포 옷을 입도록 허락하셨으니 이 세마포 옷은 성도들의 옳은 행실이로다 하더라
천사가 내게 말하기를 기록하라 어린 양의 혼인 잔치에 청함을 받은 자들은 복이 있도다 (계19:7,8,9)

❾ 수장절을 지키라(곡식 추수)

이는 네가 수고하여 이룬 것을 연말에 밭에서부터 거두며 저장함이니라**(즐거워 함)** (출23:16)

범사에 감사하라(영혼 추수)

너희 눈을 들어 밭을 보라 희어져 추수하게 되었도다
거두는 자가 이미 삯도 받고 영생에 이르는 열매를 모으나니 이는 뿌리는 자와 거두는 자가 함께 즐거워하게 하려 함이라(요4:35)

하나님 직접(영혼 추수-신랑과 신부)

그가 큰 나팔소리와 함께 천사들을 보내리니 그들이 그의 택하신 자들을 하늘 이 끝에서 저 끝까지 사방에서 모으리라(마24:31)

땅에 곡식이 익었음이로다(계14:15)

알곡은 모아 곡간에 들이고.......(마3:12)

초막절을 지키라(7일간) 레23:42

조상들의 광야 생활 고통을 몸소 체험 회상하며, 우리가 저 안식에 들어가기를 힘쓸지니(히4:11)

일생동안(7일간 광야생활 : 우리의 남은 삶)

내가 달려갈 길과 주 예수께 받은 사명 곧 하나님의 은혜의 복음을 증언하는 일을 마치려 함에는 나의 생명조차 조금도 귀한 것으로 여기지 아니하노라(행20:24)

복음과 함께 고난을 받으라(딤후1:8)

저 안식에 들어가기를 힘쓸지니(히4:11)

7일간의 고통(7년 대환란) 중에서도 믿음을 붙잡고 있는 자를

하나님의 안식에 들어올 자를 마지막까지 건져 내는 것

누가 우리를 그리스도의 사랑에서 끊으리요 환난이나 곤고나 박해나 기근이나 적신이나 위험이나 칼이라 (롬8:35)

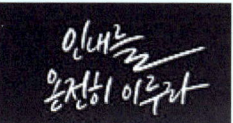

내가 곧 길이요 진리요 생명이니
나로 말미암지 않고는 아버지께로
올 자가 없느니라 (요 14:6)

결론

**하나님은
(우리를)**

**행복으로의 초대
안식으로의 초대**

Welcome

행복의 길로 당신을 초대합니다!
예수님안에 행복이 있습니다.

7일간의 환난(고통) 중에서도

가정으로 돌아갈 것을 학수고대하며 참고 인내하며
마침내 가정에 복귀(행복)

레23:39 49년 안식년 → 이어서
레25:10 희년이 시작됨

※ 안식일, 안식년 등은 유대 히브리 전통에서 숫자를 가지고 상징화하는 것들이 있으므로 100% 신학적인 것은 아닙니다.

자유와 해방 주시는 주님께
감사하는 삶

수고와 슬픔뿐인 이 세상 중에서도 더 나은 본향을 사모함

하나님께서 지은 집 영원한 집이 우리에게 있는 줄 아나니(고후 5:1)
저희가 이제는 더 나은 본향을 사모하니 곧 하늘에 있는 것이라… 저희를 위하여 한 성을 예비하셨느니라(히 11:16)

내가 선한 싸움을 싸우고 나의 달려갈 길을 마치고 믿음을 지켰으니
이제 후로는 나를 위하여 의의 면류관이 예비되었으므로…
내게만 아니라 주의 나타나심을 사모하는 모든 자에게니라(딤후 4:7,8)

영원한 기쁨
천년 동안 왕 노릇(천년왕국)

이 첫째 부활에 참여하는 자들은 복이 있고 거룩하도다
둘째 사망이 그들을 다스리는 권세가 없고 도리어 그들이 하나님과 그리스도의 제사장이 되어 천년 동안 그리스도와 더불어 왕 노릇하리라
(계 20:6)

※ 천년왕국에 대한 견해도, 무천년설, 후천년설, 전천년설 등 다양한 견해가 있습니다.

(시편 23)

¹ 여호와는 나의 목자시니 내게 부족함이 없으리로다

² 그가 나를 푸른 풀밭에 누이시며 쉴 만한 물 가로 인도하시는도다

³ 내 영혼을 소생시키시고 자기 이름을 위하여 의의 길로 인도하시는도다

⁴ 내가 사망의 음침한 골짜기로 다닐지라도 해를 두려워하지 않을 것은 주께서 나와 함께 하심이라 주의 지팡이와 막대기가 나를 안위하시나이다

⁵ 주께서 내 원수의 목전에서 내게 상을 차려 주시고 기름을 내 머리에 부으셨으니 내 잔이 넘치나이다

⁶ 내 평생에 선하심과 인자하심이 반드시 나를 따르리니 내가 여호와의 집에 영원히 살리로다